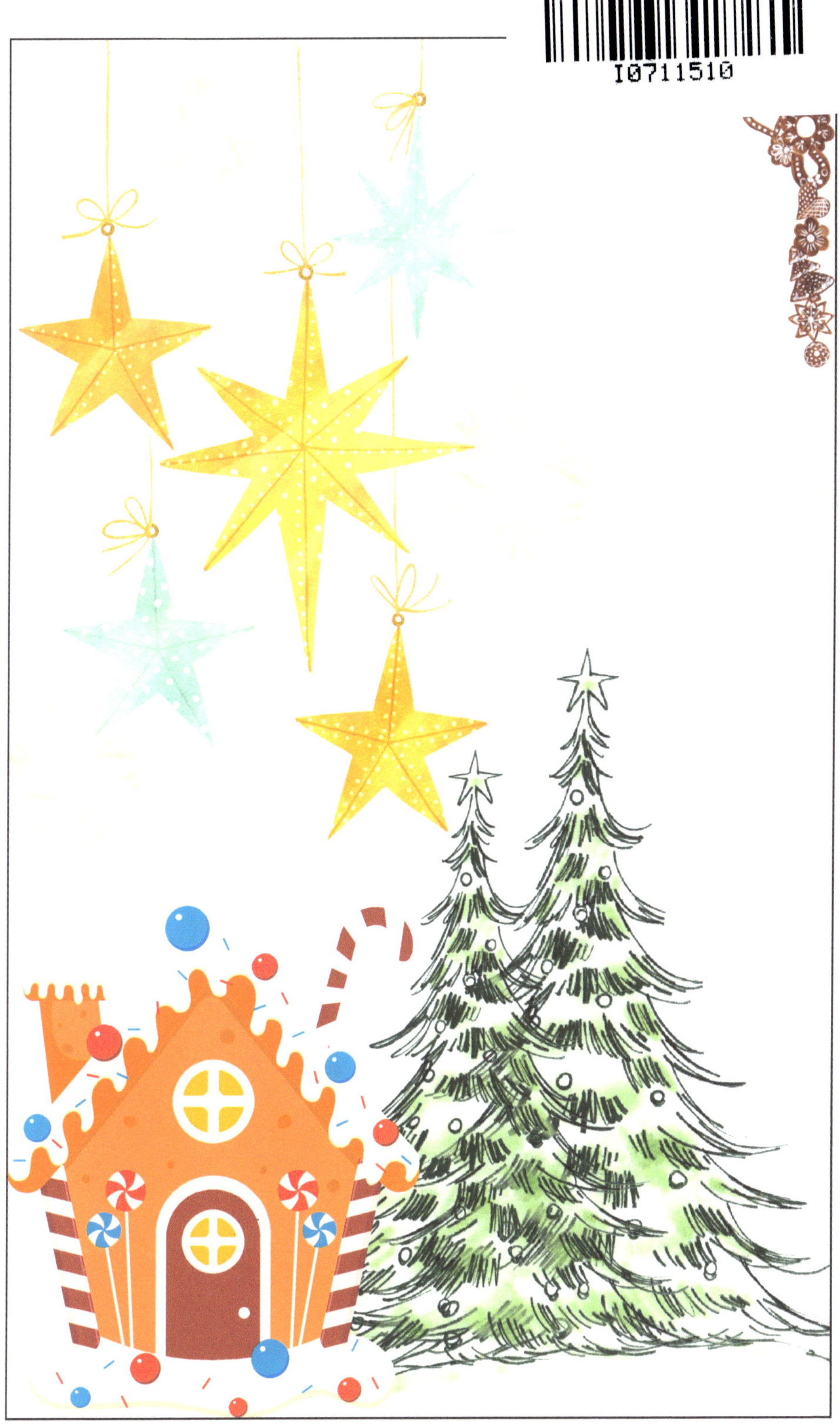

I0711510

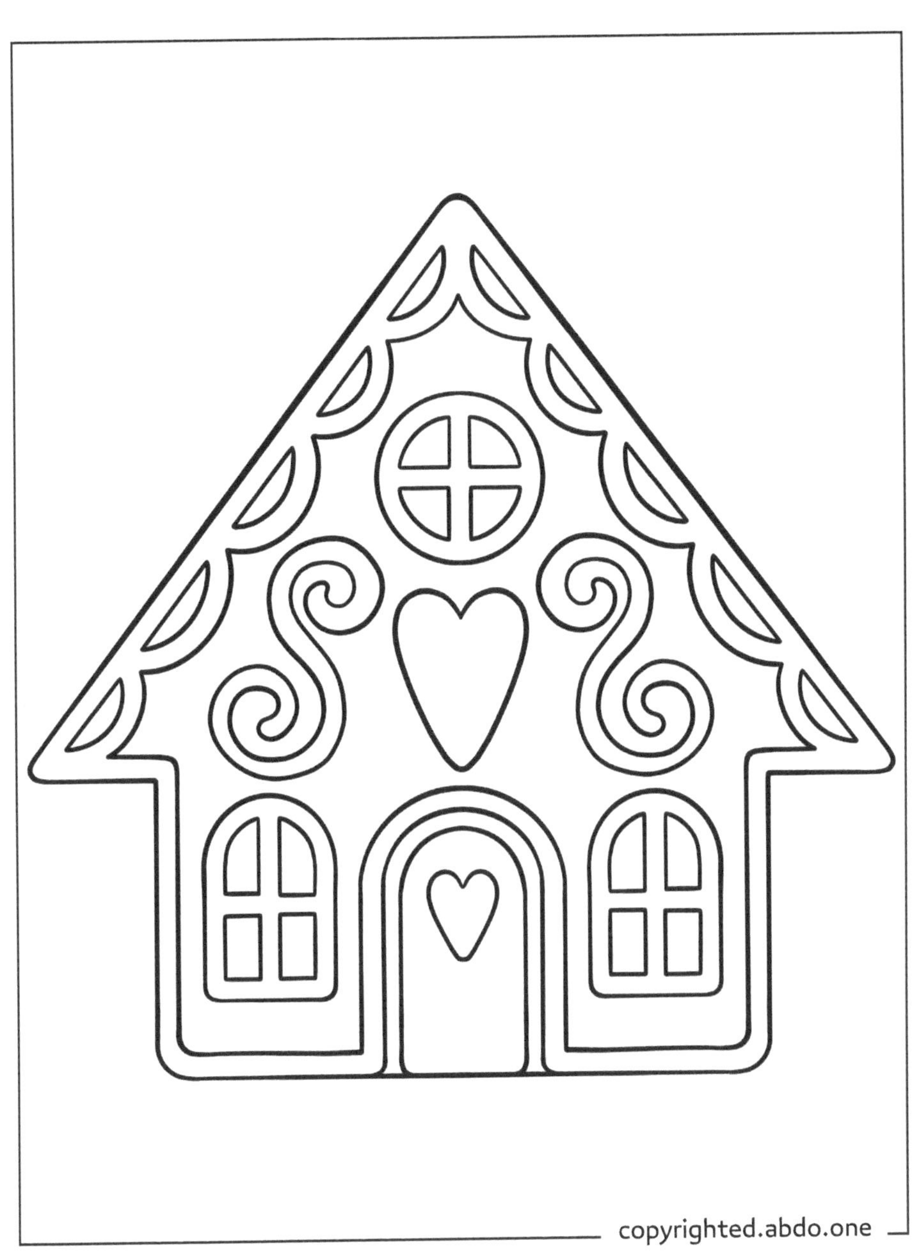

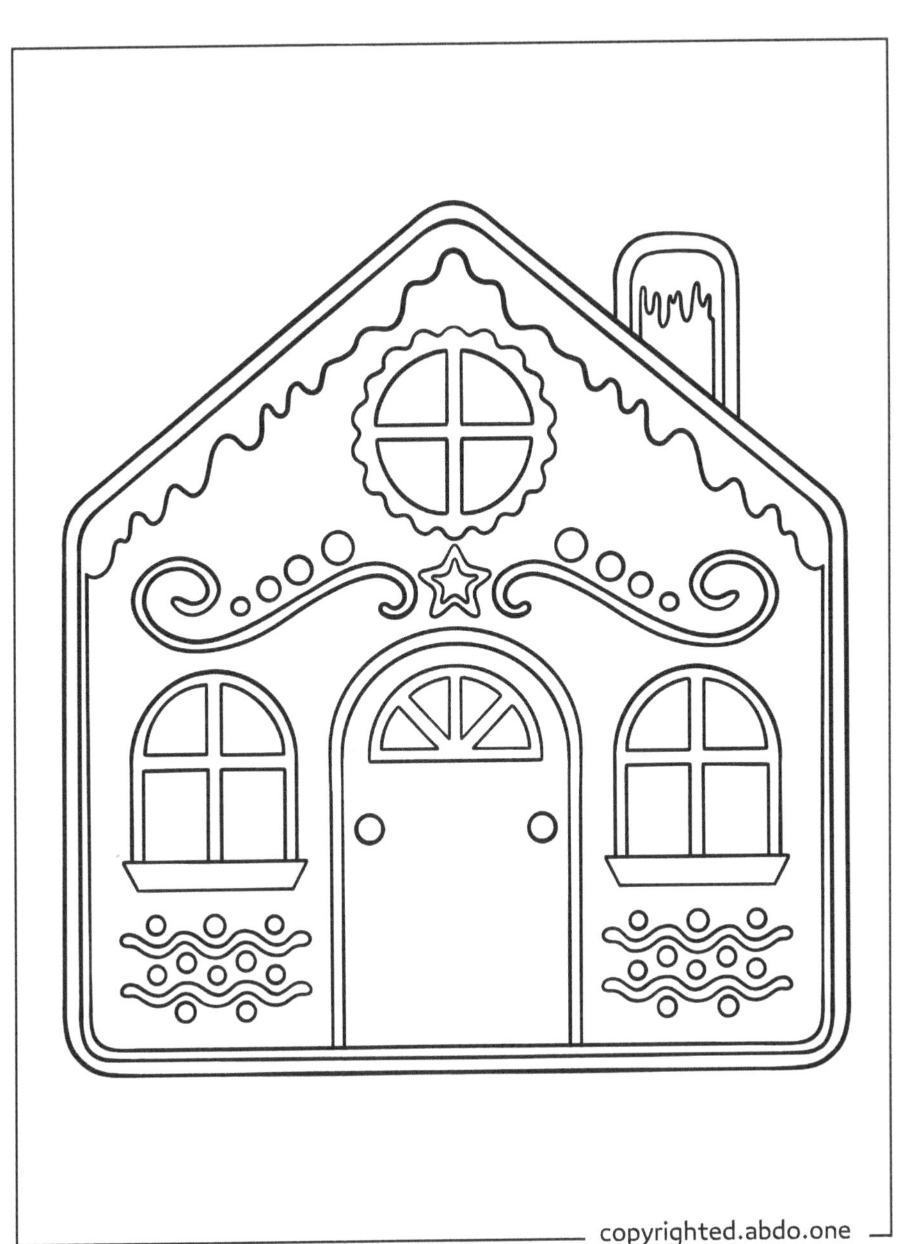

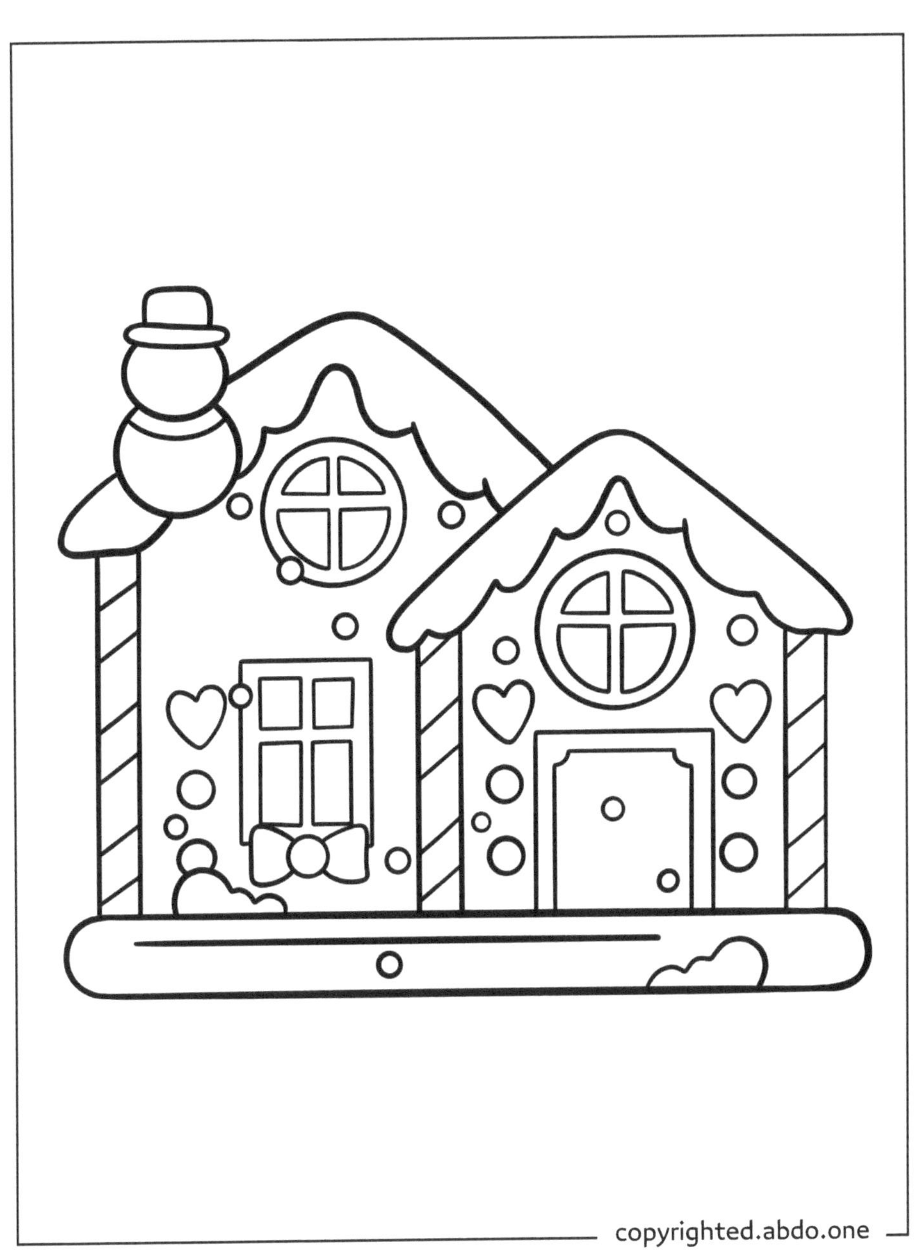

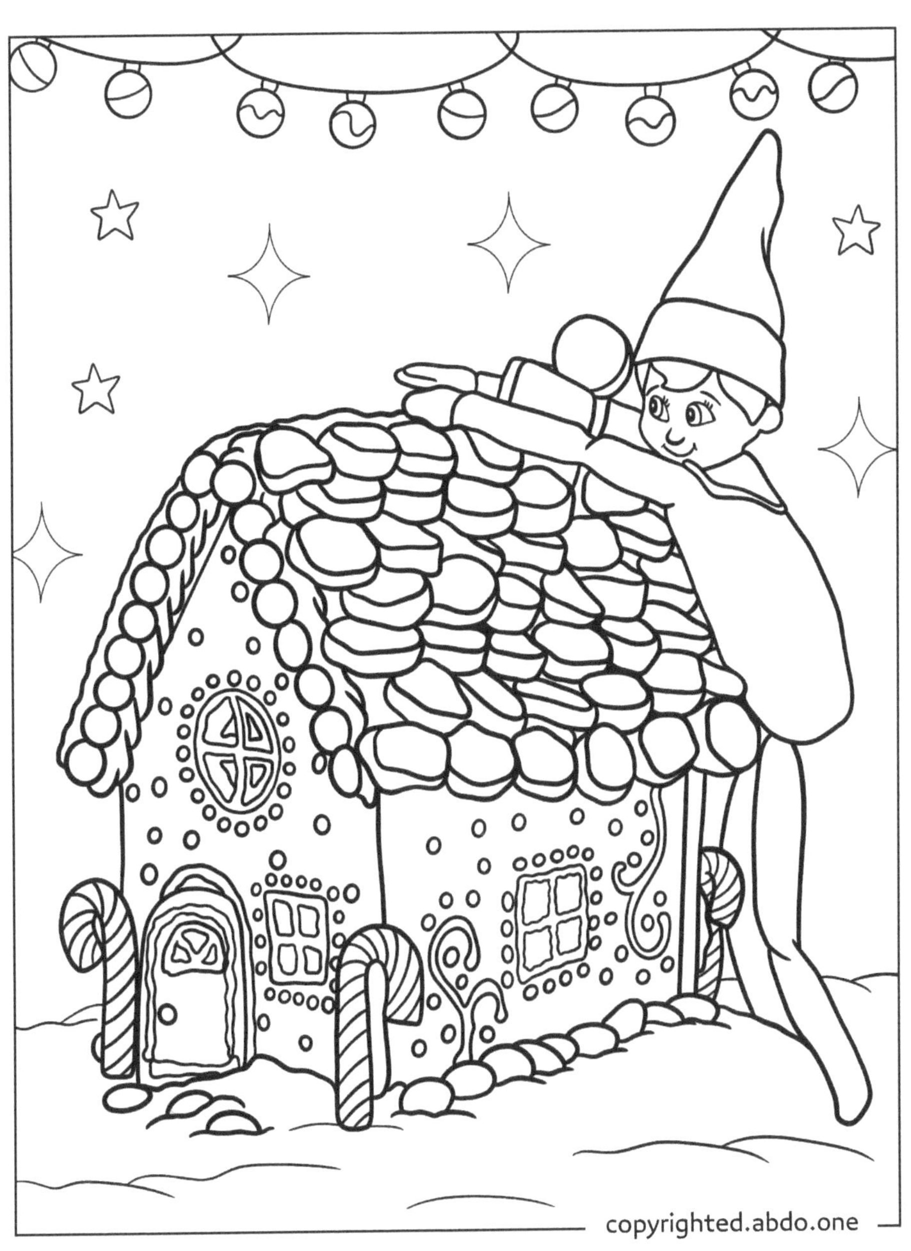

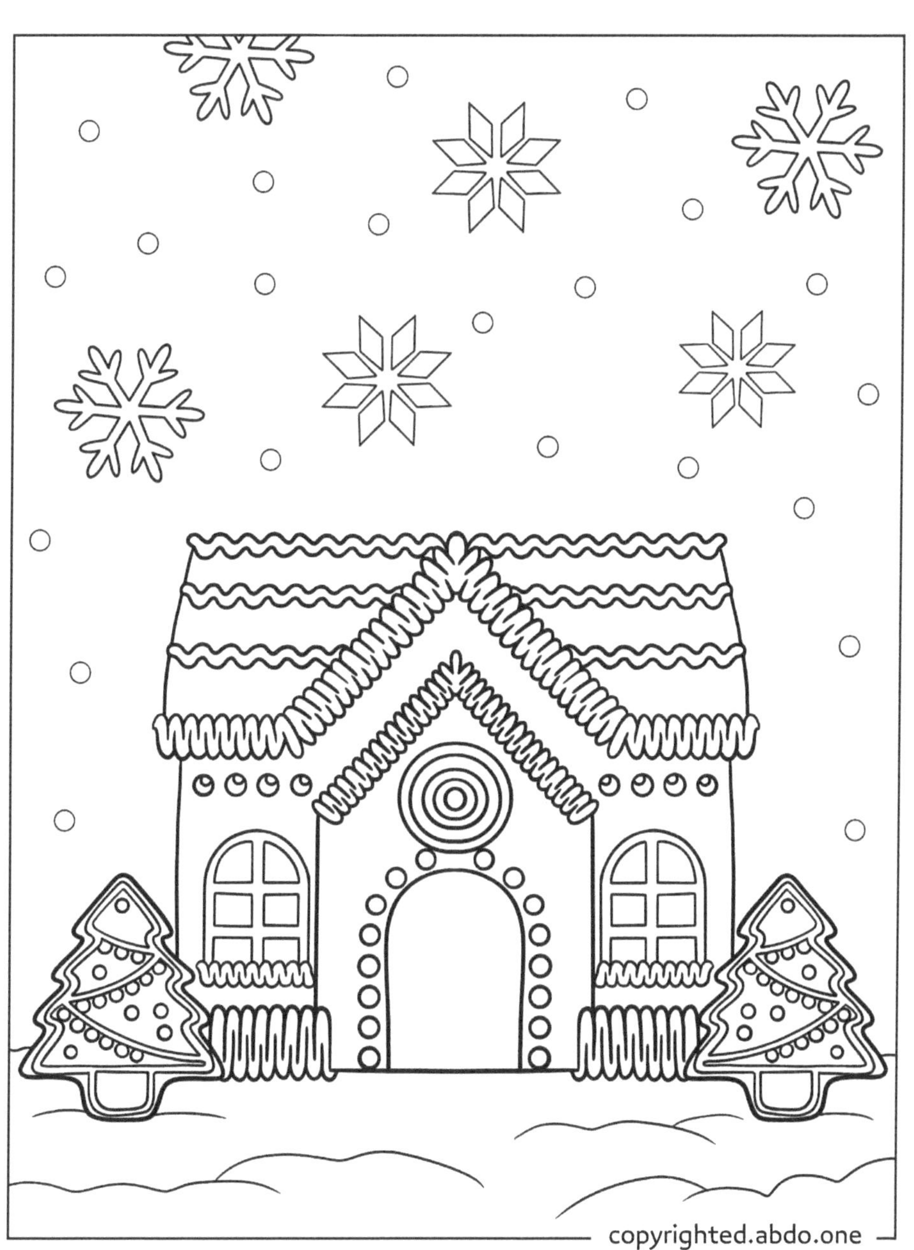

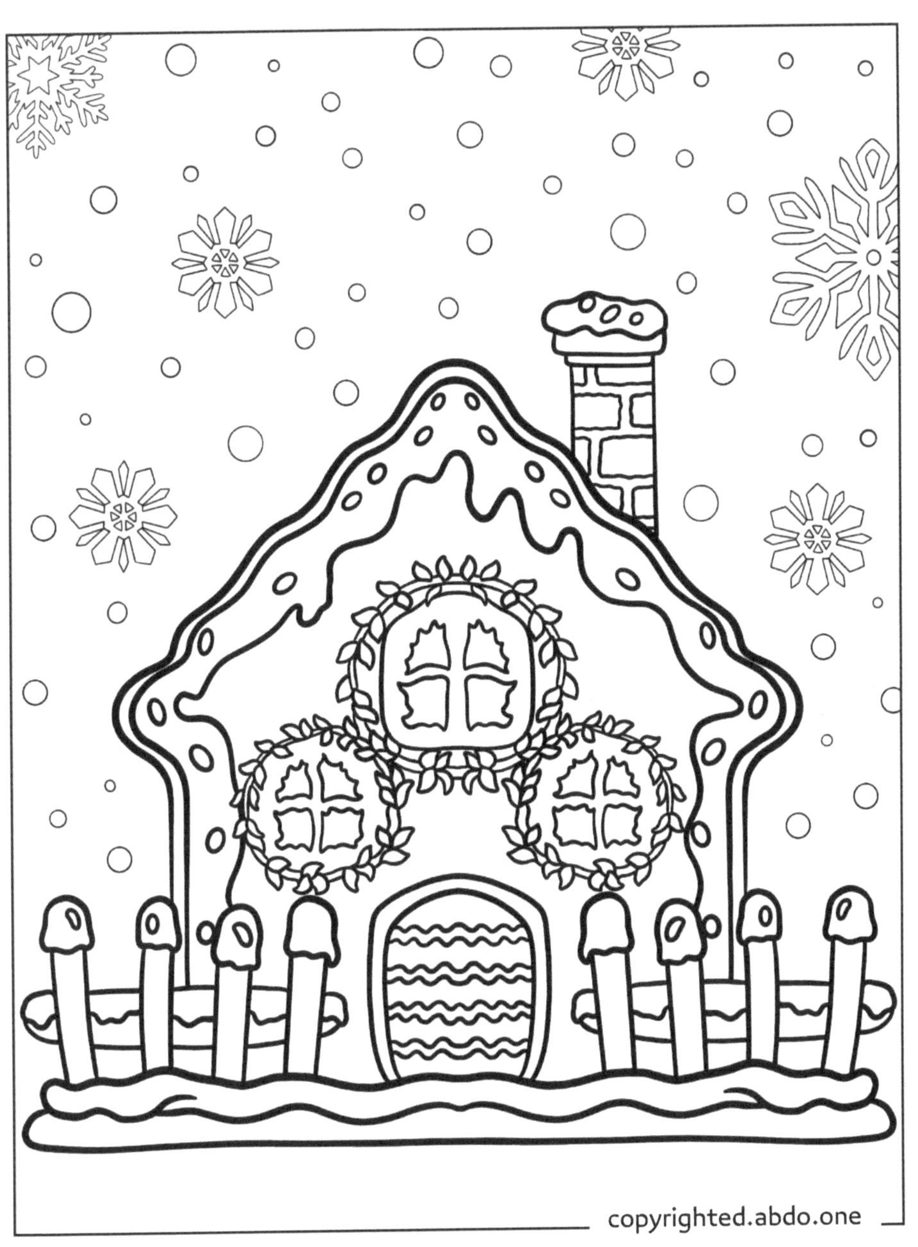

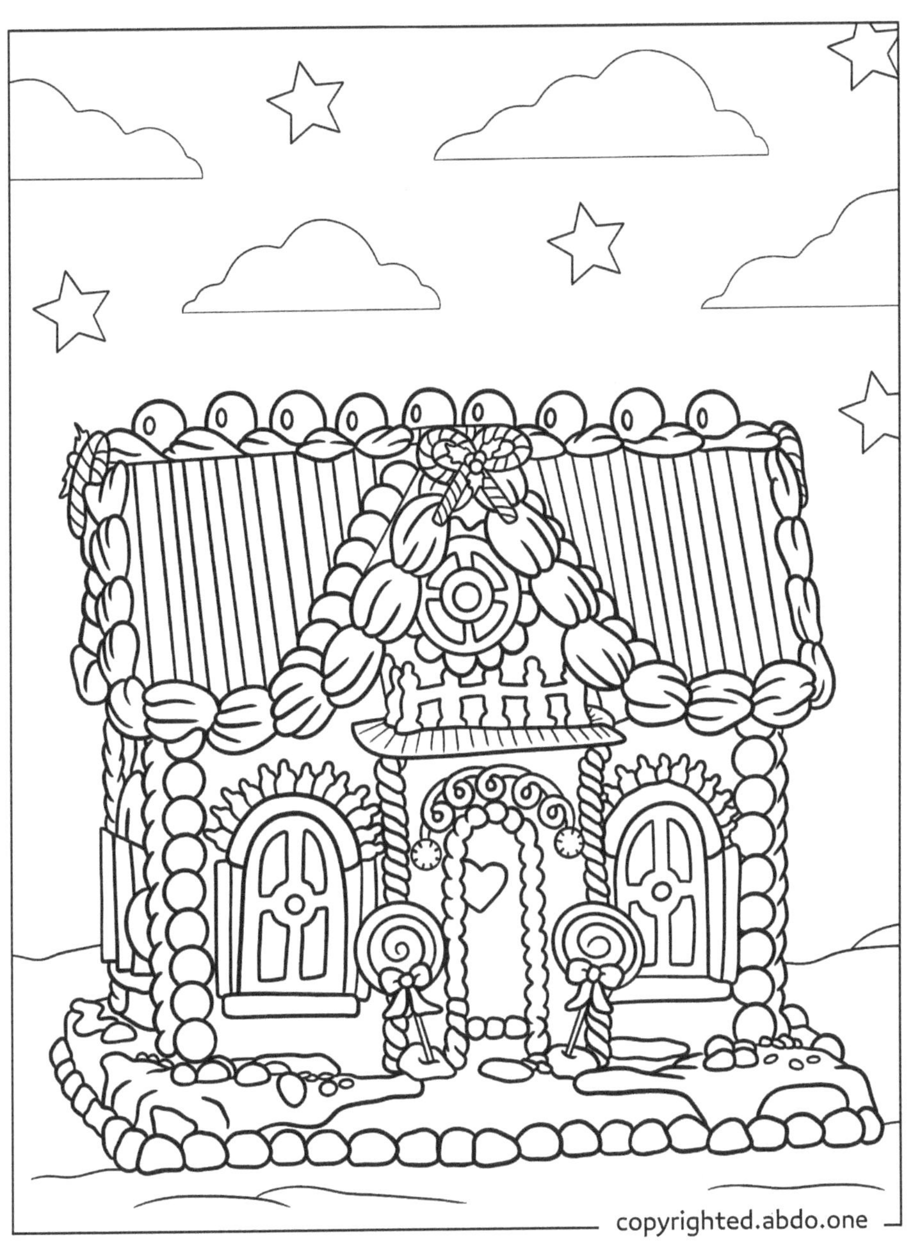

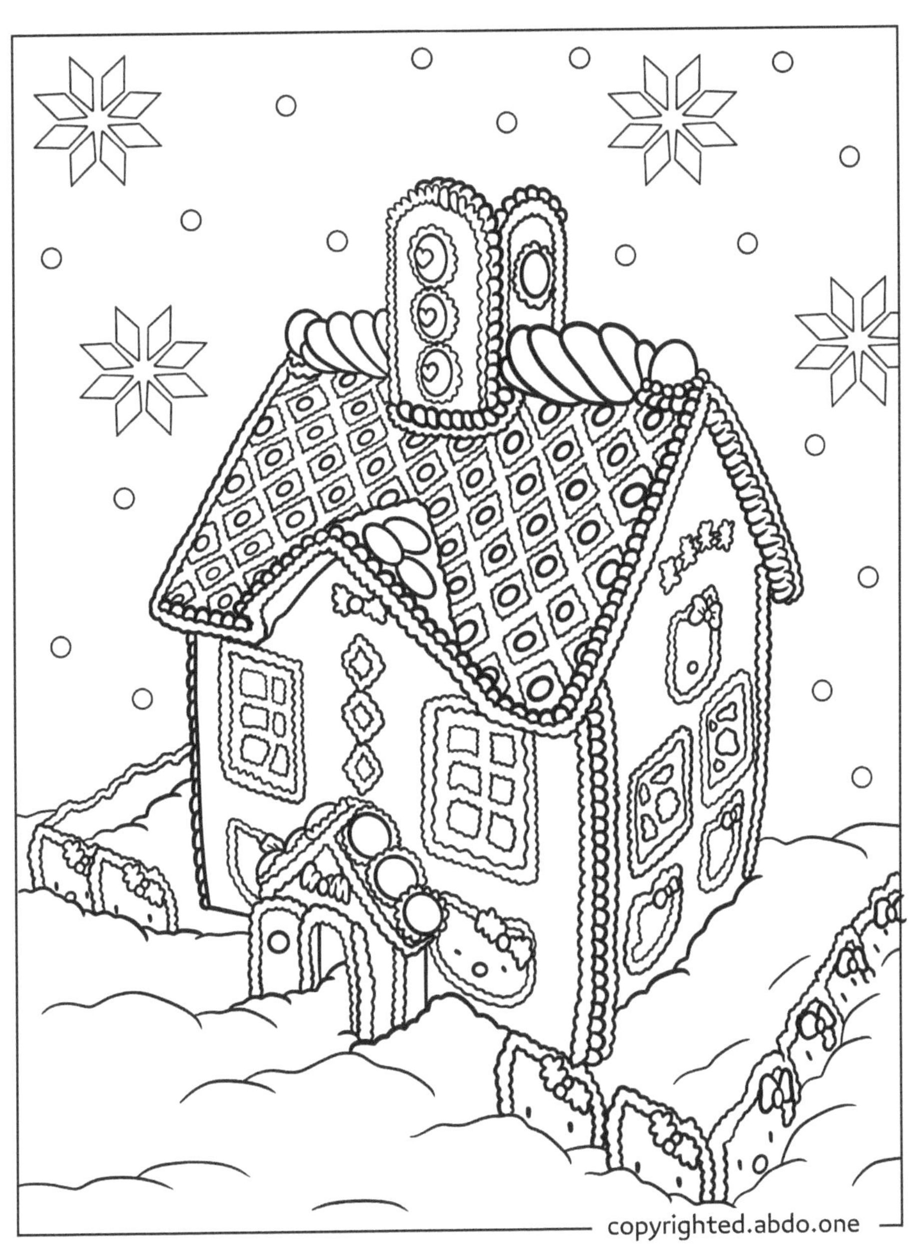

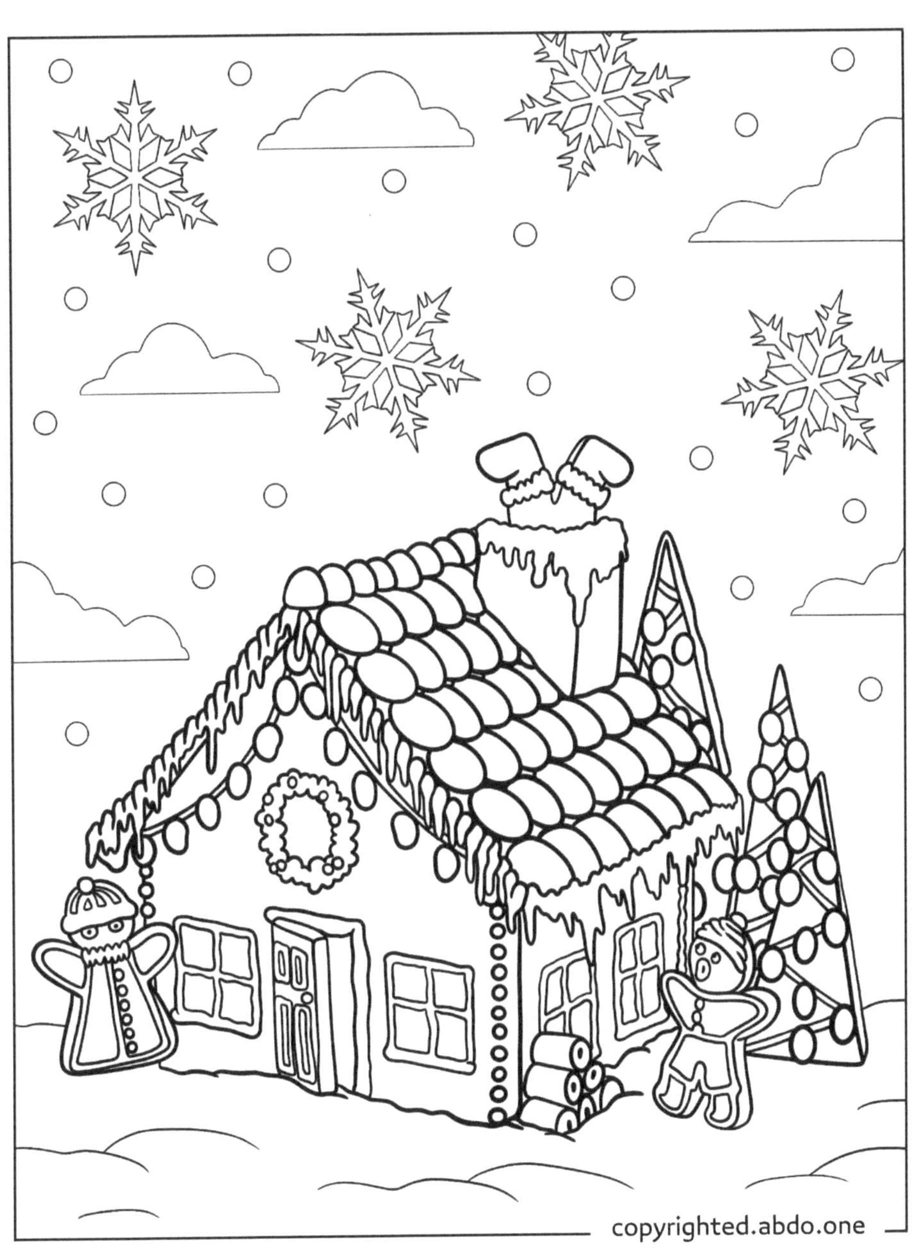

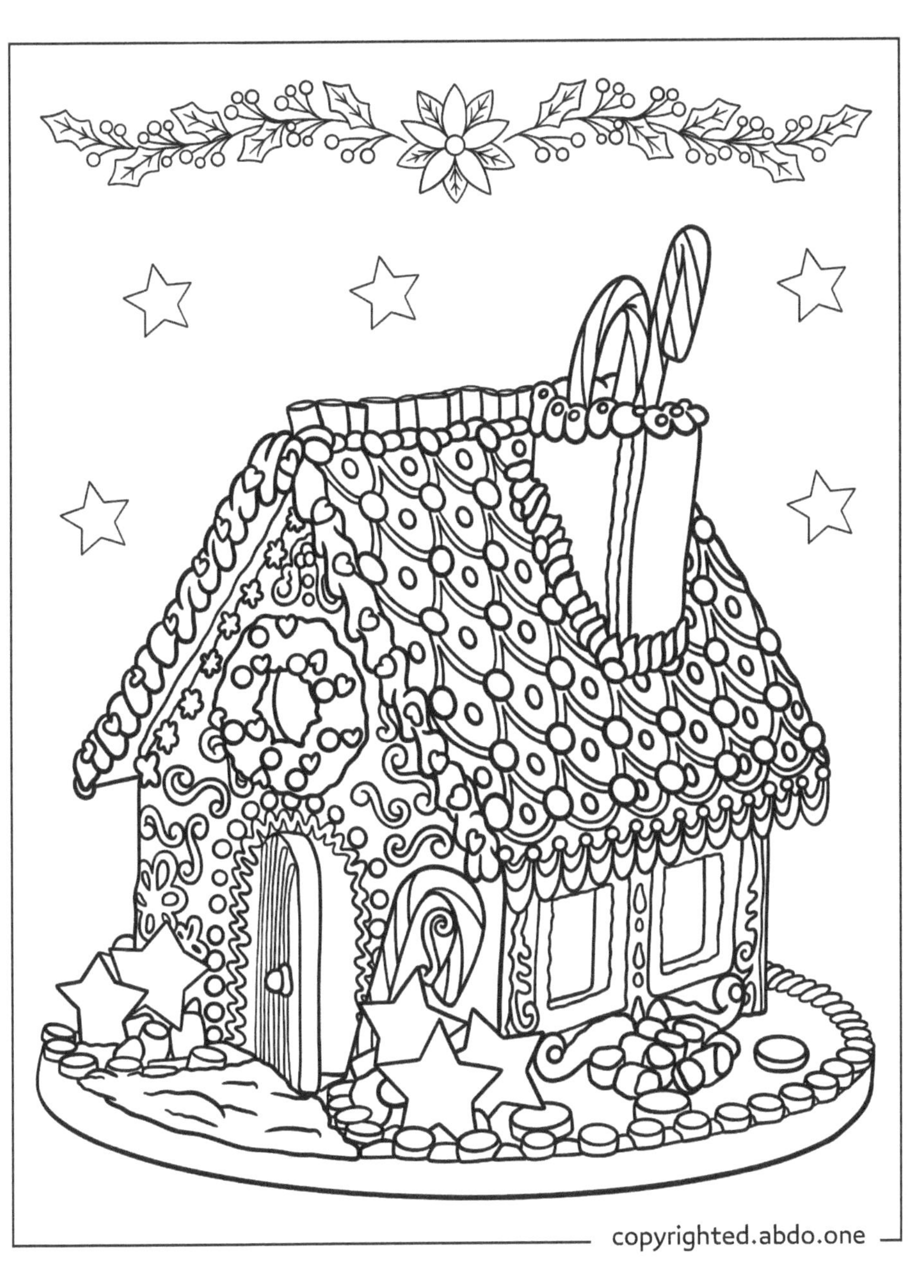

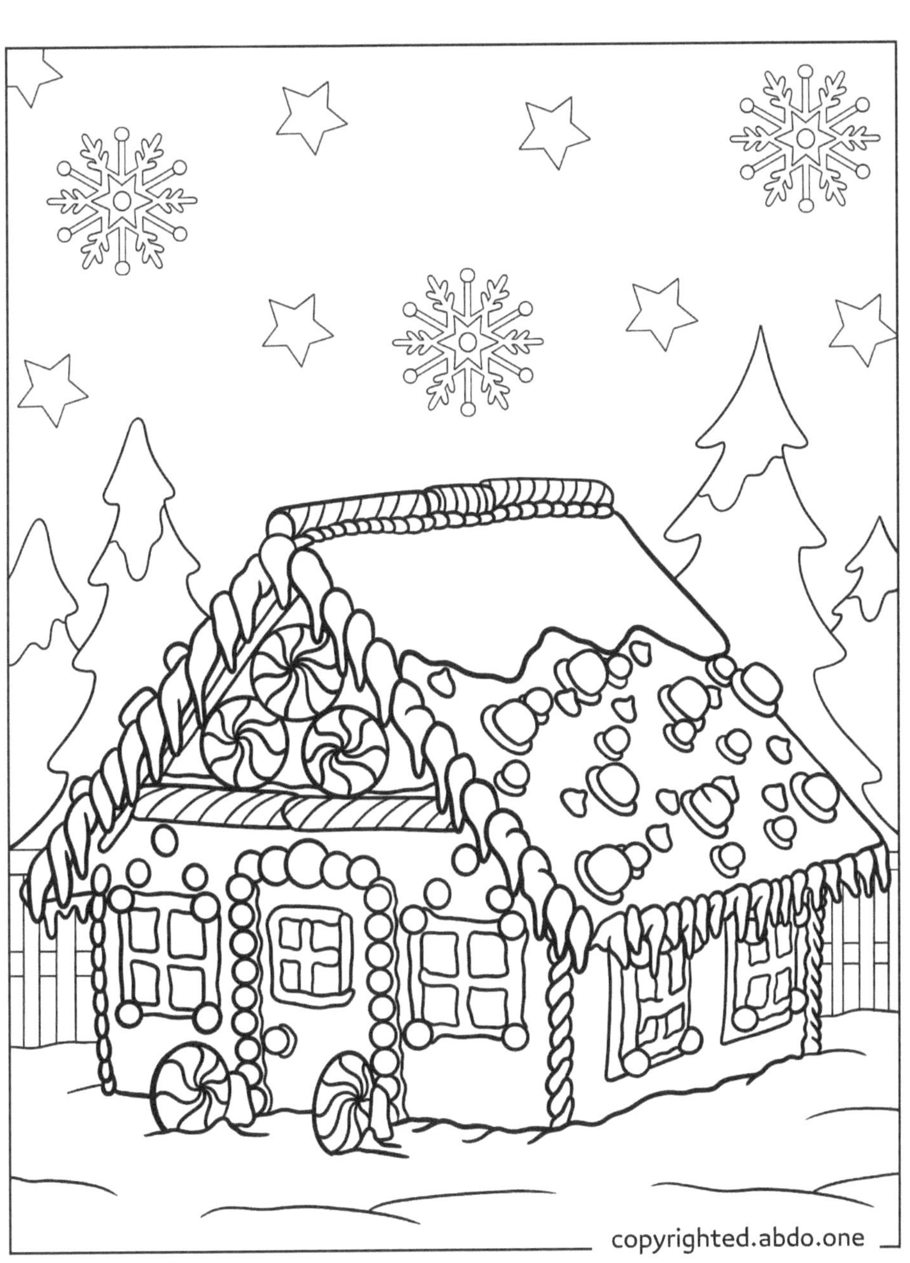

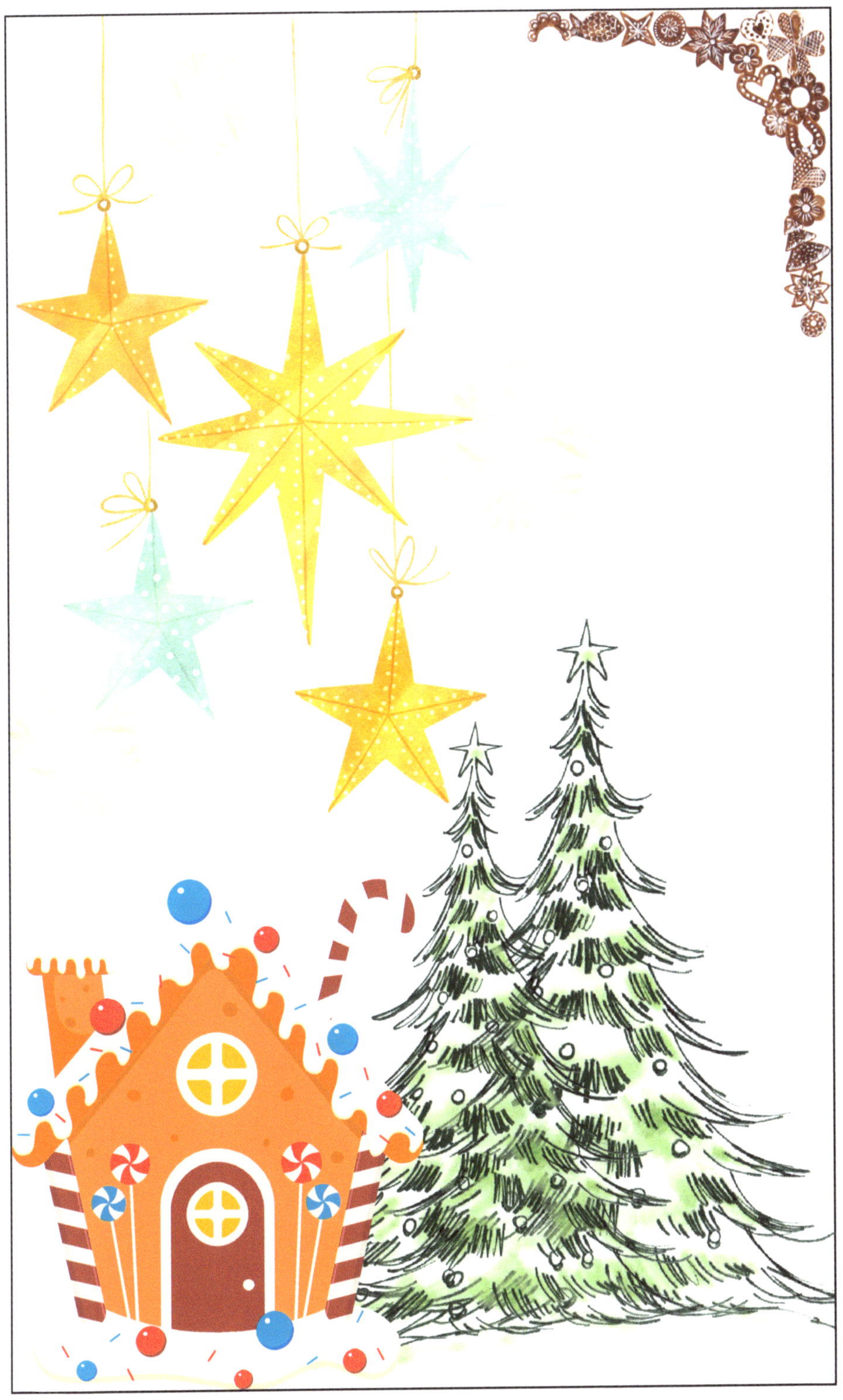